BEI GRIN MACHT SICH IHR WISSEN BEZAHLT

AF136011

- Wir veröffentlichen Ihre Hausarbeit,
  Bachelor- und Masterarbeit

- Ihr eigenes eBook und Buch -
  weltweit in allen wichtigen Shops

- Verdienen Sie an jedem Verkauf

Jetzt bei www.GRIN.com hochladen und kostenlos publizieren

Grundlagen des Finanzmanagements. Statistische und dynamische Verfahren, Fremdfinanzierung und Tilgungspläne

Oliver Sieweck

Bibliografische Information der Deutschen Nationalbibliothek:

Die Deutsche Nationalbibliothek verzeichnet diese Publikation in der Deutschen Nationalbibliografie; detaillierte bibliografische Daten sind im Internet über http://dnb.d-nb.de abrufbar.

ISBN: 9783346660176
Dieses Buch ist auch als E-Book erhältlich.

© GRIN Publishing GmbH
Nymphenburger Straße 86
80636 München

Druck und Bindung: Books on Demand GmbH, Norderstedt Germany
Gedruckt auf säurefreiem Papier aus verantwortungsvollen Quellen

Das vorliegende Werk wurde sorgfältig erarbeitet. Dennoch übernehmen Autoren und Verlag für die Richtigkeit von Angaben, Hinweisen, Links und Ratschlägen sowie eventuelle Druckfehler keine Haftung.

Das Buch bei GRIN: https://www.grin.com/document/1225367

Notizen Finanzmanagement

Mitschrift

Oliver Sieweck

WiSe 18/19

Hochschule Harz

FB Verwaltungswissenschaften

Inhalt

1   LV 1 – Einführung: Definitionen und Grundlagen

1.1 Vorwort

Das Schuldenmanagement der öffentlichen Hand in Deutschland ist größtenteils mangelhaft. 2018 lag die neue Bundesschuld bei über einer Billion Euro (in Zahlen: 1.000.000.000 €). – Dies ist eine „Eins" mit neun „Nullen" und entspricht 1.000 Milliarden (Mrd.) Euro. – Aus diesem Grunde erscheint es utopisch, dass diese gigantische Summe jemals irgendwann abgezahlt wird.

Andererseits befinden wir uns im derzeit (noch) in einer Phase mit teils immer weiter sinkenden Fremdkapitalzinsen (FK-Z) am Kapitalmarkt. Dies führt dazu, dass die Bruttokreditaufnahme, also die Neuverschuldung, und die Nettokreditaufnahme zu einer sogenannten Tilgungsdifferenz führen. **Abbildung 1** soll dies anhand der aufstellbaren Formel verdeutlichen:

Abbildung 1 – BKA vs. NKA[1]

$$BKA - Tilgung = NKA$$

Trotzdem kann festgestellt werden, dass sich der Bund weiterhin verschuldet. **Daraus folgt,** dass ein intelligentes Schuldenmanagement bzw. Finanzmanagement unerlässlich ist.

1.2 Begriffe

Das Finanzmanagement unterteilt sich in zwei Bereiche, die Investition und die Finanzierung. Investition und Finanzierung (kurz: IuF) sind als spiegelbildliche Aktivitäten zu betrachten, die einander – sich gegenseitig – bedingen. Man könnte sagen, sie „gehören zusammen".

Eine Investition ist dadurch gekennzeichnet, dass sie mit einer großen Auszahlung beginnt, der dann zu verschiedenen, periodisch anfallenden, kleinere Einzahlungen folgen. In Geschäftsalltag dient sie der Beschaffung von Produktionsfaktoren. Ziel ist es, in Zukunft höhere Einzahlungen bzw.[2] zumindest geringere Auszahlungen zu generieren.

Eine Finanzierung zeichnet sich dadurch aus, dass sie zunächst mit einer größeren Einzahlung beginnt, auf die dann im weiteren Zeitverlauf mehrere kleinere

---

[1] BKA = Bruttokredit-Aufnahme; NKA = Nettokredit-Aufnahme
Eigene Darstellung
[2] beziehungsweise

Auszahlungen folgen. Kenntnisse der Finanzierung dienen der Beschaffung und Rückzahlung finanzieller Mittel bei der Durchführung von Investitionsmaßnahmen.

Aus der Betriebswirtschaftslehre (BWL) ist bekannt, das eine Bilanz als Waage dargestellt werden kann. Auf der Seite der Aktiva findet sich die Mittelverwendung, also die Investition, wieder; auf der Seite der Passiva die Finanzierung im Sinne der Mittelherkunft. – Am Ende sollten beide Summen (Aktiva und Passiva) miteinander übereinstimmen

Abbildung 2 soll noch einmal schematisch in Erinnerung bringen, wie eine Bilanz aufgebaut ist.

Abbildung 2 – vereinfachter, schematischer Aufbau einer Bilanz

AKTIVA	*PASSIVA*
Anlagevermögen (AV): - Immaterielle Vermögenswerte (Patente, Lizenzen, …) - Grundstücke, grundstücksgleiche Rechte - Gebäude; Fahrzeuge; Maschinen und Anlagen - Büro- und weitere Geschäftsausstattung	Eigenkapital (EK)
Umlaufvermögen (UV): - Festgeld- und Sparkonten - Girokonto (sog. „Bank") - Kassenbestände (Barmittel) - Forderungen (gegenüber Kreditinstituten; aus Lieferungen und Leistungen)	Fremdkapital (FK) - Verbindlichkeiten gegenüber Kreditinstituten - Verbindlichkeiten aus Lieferungen und Leistungen - Rückstellungen (Pension, Rente, Steuer) - …
Summe	*Summe*

In Forschung und Lehre, aber auch in der Praxis, bedient man sich einer zahlungsstromorientierten Sichtweise. Der Kapitalmarkt wird dabei, wie es auch im BWL-Modell des „Marktes" üblich ist, in zwei Bereiche aufgeteilt. Dies sind Angebot und Nachfrage.

Hierbei wird die Angebotsseite durch die Kredit- und Finanzmittel gebildet; die Fremdkapitalzinsen (FKZ) bzw. die Rendite – je nach Sichtweise – entspricht dabei dem „Preis". Es gelten die Regeln, das bei hoher Rendite das Angebot hoch ist, und bei niedrigen Fremdkapitalzinsen die Nachfrage hoch ist.

Dies führt zu einem Effekt, der aus der VWL[3] bekannt ist: Es entsteht eine Funktion, dies sich grafisch in einem Diagramm darstellen lässt. Dies ist die sogenannte Angebots-und-Nachfrage-Kurve. Am Schnittpunkt beider Graphen (Angebots- und Nachfrage-Funktion) befindet sich der Markt im „Gleichgewicht". Es greift das „Dean-Modell"[4].

Zu beachten ist, dass die x-Achse das optimale Investitionsvolumen darstellt, während die y-Achse den „kritischen Zinssatz" abbildet. **Abbildung 3** soll dies einmal stark vereinfacht darstellen:

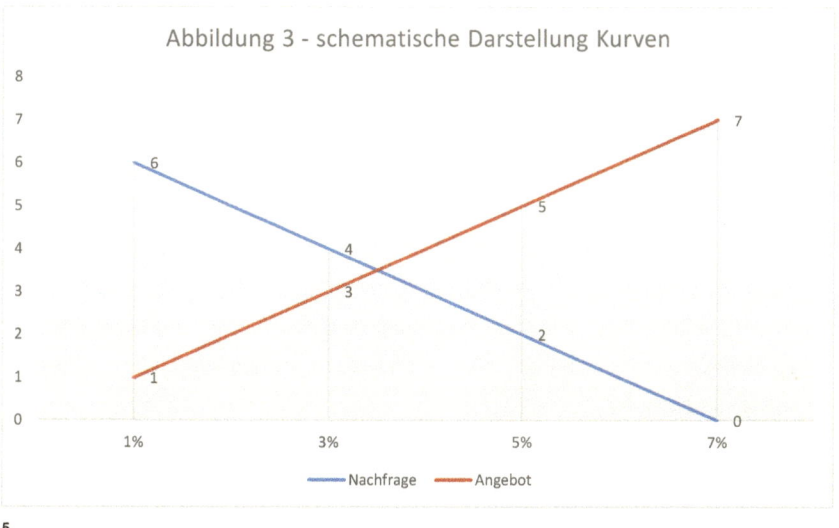

5

Aus diesem Beispiel geht hervor, dass der Markt dieser fiktiven Investitionsmaßnahme bei einer Investitionssumme (blau; Nachfrage) von etwa 3,5 (Tausend Euro) und einer Rendite (rot; Angebot) von ca. 3,5 % im Gleichgewicht ist.

---

[3] Volkswirtschaftslehre
[4] Dean-Modell: Beschreibung siehe Kapitel 6.1
[5] Eigene Darstellung;
Vgl.: ▷ Marktgleichgewicht » Definition & Erklärung 2022 mit ZusammenfassungBetriebswirtschaft lernen (betriebswirtschaft-lernen.net) ; 10.02.2022
Herrmann/ Mankiw/ Taylor: Schäffer-Poeschel; 2012; S. 61f. + 91f
Herrmann/ John: Schäffer-Poeschel; 2017; S. 52f.

1.3 Exkurs: BWL

In der Allgemeinen Betriebswirtschaftslehre (kurz: ABWL) gibt es eine Möglichkeit, wie man als Unternehmen die eigene Bilanz „verschönern" kann. Beim sogenannten *Laverage-Effekt* wird Eigenkapital durch Fremdkapital ersetzt. Durch diese „Umschichtung" kommt es nun höheren Fremdkapitalzinsen, die man zahlen muss. Andererseits wiederum steigt dadurch jedoch auch die Eigen-, als auch die Gesamtkapitalrentabilität. Je weniger Eigenkapital vorhanden ist, desto größer ist im Verhältnis dazu dessen Rentabilität, da es sich rein rechnerisch höher verzinst.

2   LV 4 – Überblick statische Verfahren

Die einzelwirtschaftlich-statischen Verfahren der Investitionsberechnung sind dadurch gekennzeichnet, dass sie im Gegensatz zu den dynamischen auf periodischen *Durchschnittswerten* beruhen, letztere aber den Faktor „Zeit" und die tatsächlichen Zahlwerte berücksichtigen. Die statischen Verfahren sind einfach durchzuführen, die Daten sind einfach zu ermitteln und ihre Nutzung setzt geringe mathematische Anforderungen voraus. Dadurch liefern sie Näherungswerte für die dynamischen Verfahren.

Beide Verfahrens-Typen (statisch und dynamisch) sind jeweils als Einheit zu betrachten, da sie meist aufeinander basieren und bei der Beurteilung von geplanten Investitionsmaßnahmen nacheinander (zusammen) durchgeführt werden. Die statischen Verfahren der Investitionsrechnung sind: die *Kostenvergleichsrechnung*, die *Gewinnvergleichsrechnung*, die *Rentabilitätsrechnung* und die *(statische) Amortisationsrechnung*.

Die beiden letztgenannten Verfahren sollen im Folgenden näher betrachtet werden:

2.1 Rentabilitätsrechnung

Die Rentabilitätsrechnung[6] stellt eine Erweiterung bzw. Ergänzung der Gewinnvergleichsrechnung dar, da durch sie unterschiedliche Gewinne besser vergleichbar gemacht werden können; um besser beurteilen zu können welche Investitionsmaßnahme vorteilhaft ist. Grundsätzlich wird unter der Rentabilität im Allgemeinen die sog. *Nettorentabilität* verstanden die sich als Verhältnis von Gewinn zu Kapitalgröße definiert.

---

[6] Vgl.: Bieg/ Kußmaul/ Waschbusch: *Investition*; 2016; S. 59 - 63

Es gilt:

$$r = r_{netto} = \frac{\text{Gewinn}}{\text{Kapitalgröße}}$$

In Bereich der Finanzmathematik wird die Rentabilität jedoch als Bruttorentabilität verstanden, die sich aus dem Gewinn vor Zinsen (Gewinn + Zinsen; GvZ) und dem durchschnittlich gebundenen Kapital als Kapitalgröße zusammensetzt. Dadurch wird eine gewisse Verbindung zu den bereits erwähnten *kalkulatorischen Zinsen* geschaffen. Es gilt daher:

$$r_{brutto} = \frac{\text{Gewinn vor Zinsen}}{\text{Kapitalgröße}} = \frac{\text{GvZ}}{\text{Kapitalgröße}} = \frac{G + \beta}{\frac{A_0}{2}}$$

Dazu ein kleines Beispiel zum besseren Verständnis: Gegeben sei eine Investitionsmaßnahme, die zu 100.000 € (A_0) erworben, über 10 Jahre (n) genutzt und zu 5 % (i) verzinst werden kann. Zudem ist bekannt, dass Materialkosten von 10.000 € anfallen. Daraus folgt:

A_0	100.000 €	
n	10	anfänglich gebundenes Kapital (Kapitalgröße =
= i	5 % (0,05)	A_0) = 100.000 €
MaKo	10.000 €	r_{brutto} = 10.000/ 100.000 = 10,00 %
		r_{netto} = 7.500/ 100.000 = 7,50 %
α	10.000 €	durchschnittlich gebundenes Kapital (KG = A_0/ 2)
β	2.500 €	= 50.000 €
MaKo	10.000 €	r_{brutto} = 10.000/ 50.000 = 20,00 %
$\sum K$	22.500 €	r_{netto} = 7.500/ 50.000 = 15,00 %
U	30.000 €	
G	7.500 €	
GvZ	10.000 €	

Es zeigt sich, dass in diesem Beispiel die Bruttorentabilität schon um 5 % (Kalkulationszinssatz) höher liegt als die Nettorentabilität. Zudem ist die Rentabilität, die durch die Nutzung des durchschnittlich gebundenen Kapitals als Kapitalgröße entsteht, wesentlich – im vorliegenden Fall sogar doppelt so hoch – höher ist als die Rentabilität, welche auf dem Anschaffungswert als Kapitalgröße basiert.

Auch ein eventueller Liquidationserlös (L_n) findet in der Formel Berücksichtigung, genau wie bei den kalkulatorischen Zinsen lautet sie nun:

$$r = \frac{GvZ}{\dfrac{A_0 + L_n}{2}}$$

Im Sinne der Rentabilitätsrechnung gilt eine (einzelne) Investitionsmaßnahme immer dann als vorteilhaft, wenn ihre Rentabilität die ex ante[7] gesetzte Mindestverzinsung (Kalkulationszinssatz i) mindestens erreicht, besser noch übersteigt. Werden mehrere mögliche Maßnahmen miteinander verglichen, so ist diejenige Maßnahme vorteilhafter, deren Rentabilität am höchsten ist, sofern ihre ex ante gesetzte Mindestverzinsung mindestens erreicht wird. Rentabilitätsrechnungen sind grundsätzlich als Alternativen- (entweder, oder) und als Ersatzvergleich (alt vs. neu) denkbar.

Zusammenfassend lässt sich festhalten, dass die Rentabilitätsrechnung eine Durchschnittsrechnung darstellt, die standardisierte Größen nutzt und der Ermittlung der absoluten Vorteilhaftigkeit dient.

2.2 (statische) Amortisationsrechnung

Die statische Amortisation[8] hat ein Pendant im zweiten Bereich der Investitionsrechnungen, die *dynamische Amortisation*. Beiden ist gemein, dass sie im Gegensatz zu allen anderen einzelwirtschaftlichen Verfahren nicht eigenständig genutzt werden können und ist lediglich ein Hilfsmittel.

Die Amortisationsrechnung dient der Ermittlung des Zeitraums, in dem das in eine Maßnahme investierte *Kapital* wieder *zurückfließt*. Dazu orientiert man sich an Zahlungsströmen, die sich aus den laufenden Ein- und Auszahlungen zusammensetzen. Daraus lässt sich eine *Risikoabschätzung* ableiten. Allgemein gilt, dass eine investive Maßnahme umso unsicherer ist, je größer ihr Amortisationszeitraum ist.

Eine Investitionsmaßnahme im Sinne der Amortisationsrechnung gilt immer dann als vorteilhaft, wenn ihre Amortisationsdauer unter der maximalen Amortisationsdauer liegt. Als maximale Amortisationsdauer wird immer die Nutzungsdauer (n) der Maßnahme verstanden. Beim Vergleich mehrerer Maßnahmen gilt diejenige als vorteilhafter, deren Amortisationsdauer am kürzesten ist.

---

[7] = vorher; vs. ex post = nachher
[8] Vgl.: Bieg/ Kußmaul/ Waschbusch: *Investition*; 2016; S. 63ff.

Zur Berechnung der statischen Amortisation wird die Durchschnittsmethode verwendet. Die Amortisationsdauer (AD) wird als Verhältnis zwischen dem Anschaffungswert (ggf. vermindert um einen Liquidationserlös) und dem durchschnittlichen Rückfluss abgebildet. Dabei sind folgende Definitionen anzustellen:

- Amortisationsdauer (AD): $AD = \frac{A_0}{\varnothing RF} = \frac{A_0 - L_n}{\varnothing RF}$

- relative Amortisationsdauer: $AD_{rel} = \frac{AD}{n}$

Die ebenfalls, grundsätzlich mögliche, *Kumulationsmethode* ist als Summe aller Rückflüsse zu berechnen. Es gilt: $A_0 = \sum_{t=1}^{AD} RF_t$.

Man kann die Rückflüsse ermitteln, indem man sie als den Gewinn bzw. die Kostenersparnis (KE) **vor Abschreibungen** versteht. Die kalkulatorischen Abschreibungen (α) werden in diesem Fall zum Gewinn oder der Kostenersparnis hinzuaddiert. Die Formeln lauten daher: $\varnothing RF = G + \alpha$; $\varnothing RF = KE + \alpha$. Allerdings zeigt sich hier ein Problem, wie kalkulatorische Zinsen bei der Amortisationsrechnung berücksichtigt werden sollen oder können.

Die Amortisationsrechnung lässt sich, wie grundsätzlich alle Verfahren der Investitionsrechnung, als Alternativen- und als Ersatzvergleich anwenden, wobei jedoch erstgenannter im nachfolgenden Beispiel im Vordergrund stehen soll:

Sachverhalt (mit Liquidationserlösen)[9]:

	Maßnahme A	Maßnahme B
A₀	60.000 €	100.000 €
n	10	10
i	10 %	10 %
Lₙ	0,00 €	10.000 €
x p.a.	10.000	10.000
kᵥ	6,00 €	5,00 €
e	10,00 €	10,00 €
α	6.000 €	9.000 €
β	3.000 €	5.500 €
$\sum K_f$	9.000 €	14.500 €

---

[9] Formeln:
$K_v = k_v * x$; $K_f = \alpha + \beta + ...$; $K = K_f + K_v$; $U = UE = e * x$; $G = U - K$; ...; ...

7

$\sum K_v$	60.000 €	50.000 €
$\sum \emptyset\,K\,p.\,a.$	69.000 €	64.500 €
$\sum \emptyset\,U\,p.\,a.$	100.000 €	100.000 €
$\sum \emptyset\,G\,p.\,a.$	31.000 €	35.500 €
$\emptyset$ GvA	37.000 €	44.500 €
AD	1,621…	2,224719…
AD$_{rel}$	0,1621 = 16,21 %	0,222472 = 22,472 %

Es zeigt sich, dass Maßnahme A Maßnahme B gegenüber relativ vorteilhaft ist, da ihre Amortisationsdauer und ihre relative AD wesentlich geringer sind. Genau genommen sogar nur die Hälfte von B. Grundsätzlich sind aber beide Maßnahmen absolut vorteilhaft, da Ihre (relativen) Amortisationsdauern mit 1,6 bzw. 2,2 deutlich unter der maximalen Amortisationsdauer, der Nutzungsdauer von 10 Jahren (n), liegen.

Die Kumulationsmethode basiert, wie eingangs schon erwähnt, auf einer Aufsummierung der jährlichen Rückflüsse, wie folgendes Beispiel verdeutlichen soll:

t	RF	kumuliert:
0	-100.000 €	-100.000 €
1	10.000 €	-90.000 €
2	30.000 €	-60.000 €
3	60.000 €	0,00 €
4	60.000 €	
5	70.000 €	

Der zugehörige Term lautet: 100.000 = 10.000 + 30.000 + 60.000. Daraus folgt, dass die Amortisationsdauer gemäß Kumulationsmethode drei (3) Jahre beträgt.

Bei der abschließenden Beurteilung der statischen Amortisation kann und muss zuvörderst festgestellt werden, dass sie, wie eingangs bereits erwähnt, kein eigenes

Verfahren der statischen Investitionsrechnung darstellt; sondern lediglich ein (zusätzliches) Hilfsinstrument zur groben Abschätzung von unternehmerischen Risiken ist. Zudem bleiben Rückflüsse, die nach dem Amortisationszeitpunkt anfallen, unberücksichtigt. Daher sind die Entscheidungskriterien, z.B. ob eine Investitionsmaßnahme vorteilhaft ist, als schwierig zu beurteilen.

3 LV 6 – Kapitalwertmethode

3.1 Grundlagen

Die Kapitalwertmethode stellt das erste der vier einzelwirtschaftlich-dynamischen Verfahren der Investitionsrechnung dar. Mit Hilfe der *einzelwirtschaftlichen Verfahren* lässt sich die Vorteilhaftigkeit beurteilen. Sie bildet die Grundlage für alle anderen dynamischen Verfahren.

Die anderen dynamischen Verfahren sind: die Annuitätenmethode, sie baut direkt auf der Kapitalwertmethode auf; die sog. Methode des „internen Zinsfußes", mit der man den Effektivzinssatz einer Investitionsmaßnahme ermitteln kann; und die dynamische Amortisation.

Zu den einzelwirtschaftlich-statischen Verfahren gehören die Kostenvergleichs- und die Gewinnvergleichsrechnung; die Rentabilitätsrechnung und die statische Amortisation. Die statischen Verfahren sind dadurch gekennzeichnet, dass bei ihnen Durchschnittswerte zur Anwendung kommen.

Bei den dynamischen Verfahren wiederum spielt der Faktor „Zeit" eine Rolle.

Dies bedeutet, dass alle Rückflüsse (nach Zinsen; kurz: RF/Z), die die Differenz der jeweils anfallenden Einzahlungen und Auszahlungen bilden, auf einen sogenannten Bezugszeitpunkt (t_0; „jetzt") abgezinst werden müssen. Diesen Vorgang bezeichnet man auch als *Diskontierung*.

„Einzelwirtschaftlich" bezieht sich dabei auf die Tatsache, dass die Investitionsmaßnahme nur Einfluss auf die eigene Organisation/ das eigene Unternehmen hat. Den Gegensatz dazu bilden die *gesamtwirtschaftlichen Verfahren*, die auch die Auswirkungen auf das Umfeld der Organisation und die Gesellschaft berücksichtigen. Dazu gehören unter anderem die Kosten-Nutzen-Analyse und die Kosten-Wirksamkeits-Analyse.

3.2 Regeln

Um die Kapitalwertmethode anwenden zu können, sind vorher bestimmte Festlegungen zu treffen. Dazu gehören:

1) Sie wird nur als *Alternativvergleich* durchgeführt. Das heißt, es findet ein reiner Entweder-Oder-Vergleich von zwei oder mehreren möglichen Maßnahmen statt.[10]
   - Beispiel „Autokauf": Audi vs. Dacia vs. BMW vs. Skoda
2) Die Nutzungs- und Betrachtungsdauer (n) sollte mehr als eine Periode (meist ein Jahr) umfassen, wobei die Perioden auch jeweils gleich lang sein sollten (n_1 = n_2 = n_x).
3) Es werden nur *zahlungswirksame Größen* berücksichtigt, also Geschäftsvorfälle (GV), die tatsächlich zu Ein- oder Auszahlungen führen, die sich also z.b. durch reale Kontobewegungen bemerkbar machen. Davon ausgenommen bzw. nicht dazu gehören die kalkulatorischen Kosten wie Abschreibungen (α) und Zinsen (β)[11].
4) Es wird ein *vollkommener Kapitalmarkt* zugrunde gelegt. Hier sind die Eigenkapital- und die Fremdkapitalzinsen gleich hoch.[12] Es gilt also: i_{EK} = i_{FK}.
5) Man geht grundsätzlich von *nachschüssigen Zahlungen* aus. Diese finden stets zum Ende einer Periode statt. Wird als Betrachtungsperiode das Geschäfts- bzw. Kalenderjahr gewählt – was die Regel ist – so wird als Stichtag der 31.12. geführt.
6) ...

3.3 Formel

Als *Kapitalwert* – daher auch der Name der Methode – bezeichnet man die Differenz aus Anschaffungswert (A_0) einer Maßnahme und der daraus resultierenden Rückflüsse (RF).

Die Rückflüsse[13] selbst sind, wie bereits erwähnt, die diskontierten Differenzen aus den Ein- und Auszahlungen der jeweiligen Periode.

---

[10] Bei einem *Ersatzvergleich* wiederum würde, wie es der Name vielleicht schon vermuten lässt, eine ältere Maßnahme durch eine neuere, hoffentlich bessere und modernere, ersetzt werden.
[11] Vgl.: Kosten- und Leistungsrechnung und Bilanzierung im (betrieblichen) Rechnungswesen; es werden die griechischen Buchstaben „Alpha" und „Beta" als Symbolik verwendet. Dies gilt für Forschung, Lehre und Praxis. --> Definition und Beispiel siehe Kap. 6.2
[12] Hierzu empfiehlt sich ein Blick in die eigene Lebenswelt: Man vergleiche die Zinsen für ein Giro- bzw Sparkonto (beides = EK) mit dem Zinssatz, die man für ein laufendes Darlehen/ einen laufenden Kredit zu zahlen hat (= FK). Es dürfte sich zeigen, dass der Fremdkapitalzins meist leicht, aber deutlich, über dem Eigenkapitalzins liegt
[13] Formel: RF = EZ - AZ

Des Weiteren muss die gewünschte *Mindestverzinsung* berücksichtigt werden, die als „i" bezeichnet wird. Daraus lässt sich folgende Formel aufstellen:

q = 1 + i

Damit lässt sich der *diskontierte Rückfluss* berechnen, der nun als *Bar-* bzw. *Gegenwartswert* bezeichnet wird.

Die **Formel**, mit deren Hilfe nun der Kapitalwert berechnet wird, lautet:

$$C_0 = -A_0 + \sum_{t=0}^{n} \frac{Z_t}{q^t}$$

Vollständig ausgeschrieben wäre folgendes zu lesen:

$$C_0 = \sum_{t=0}^{n}(E_t - A_t) * \frac{1}{(1+i)^t} = \sum_{t=0}^{n} \frac{Z_t}{q^t}$$

3.4 Sonderfall

Im Praxisalltag kann es vorkommen, dass für eine Maßnahme nach Ende ihrer Nutzungszeit noch Einnahmen im Sinne eines Restwertes erzielt werden können. Diese zusätzlichen Einzahlungen am Ende der Nutzungsdauer werden *Liquidationserlöse* genannt und mit **L$_n$** bezeichnet. Der Rückfluss (vor Zinsen) ist positiv, er wird mit diskontiert.

Beispiel: Gegeben sei eine Investitionsmaßnahme, die eine Nutzungsdauer n von 5 Jahren und eine gewünschte Mindestverzinsung von 5 % aufweist. Zudem wird festgelegt, dass neben dem Rückfluss zum Zeitpunkt t$_5$ in Höhe von 2.000 € noch ein Liquidationserlös (L$_n$) von 2.000 € erzielt werden kann. Es ist wie folgt zu verfahren:

n/ t = 5; i = 5 %

➜ $\frac{1}{(1+0,05)^5} = 0,783526 * Z = 0,783526 * 2.000 = 1.567,052333 = 1.567,05$ €

L$_n$ = 2.000 € => Z = 4.000 €

➜ $0,783526 * 4.000 = 3.1034,104666$ € = 3.134,10 €

3.5 Interpretation

Je nachdem, wie der berechnete Kapitalwert ausfällt, lassen sich verschiedene Aussagen über die voraussichtliche Vorteilhaftigkeit der betreffenden Maßnahme treffen:

I) Grundsätzlich ist eine Investitionsmaßnahme immer dann vorteilhaft, wenn ihr Kapitalwert mindestens „Null" ergibt. Es gilt: **C$_0$ = 0**. Dies bedeutet, dass die Summe der Einzahlungen genau so groß wie die Summe der Auszahlungen ist. „i" gilt damit als erreicht.

II)   Eine Investitionsmaßnahme ist erst recht vorteilhaft, wenn ihr Kapitalwert positiv ist, also „Null" übersteigt. Es gilt: $C_0 \geq 0$. Die Summe der Einzahlung übersteigt die Summe der Auszahlungen, i wird also übertroffen.

III)   Sobald aber der Kapitalwert kleiner als „Null" ist, gilt die Maßnahme als nicht mehr vorteilhaft. $C_0 \leq 0$. Der Mindestzinssatz (i) wird nicht erreicht, die Auszahlungen überschreiten deutlich die Einzahlungen. In diesem Fall ist von der geplanten Maßnahme abzusehen.

Übertragen auf das vorangegangene Beispiel, lassen sich folgende Aussagen treffen:

-   Grundsätzlich sind beide Varianten (ohne und mit Liquidationserlös) *absolut vorteilhaft*, da beide Kapitalwerte im positiven Bereich liegen.

-   Die Variante **mit** Liquidationserlös ist gegenüber der Variante ohne nun *relativ vorteilhaft*, da ihr Kapitalwert **doppelt so groß**[14] ist.

4   LV 7 - Überblick weitere dynamische Verfahren

4.1 Annuitätenmethode

Die Annuitätenmethode ist eine verbesserte Darstellung der Kapitalwertmethode. Die Annuität ist eine jährliche Zahlung, die im Verlauf mehrerer aufeinander folgender Perioden äquivalent – im besten Fall sogar uniform, in konstanter Höhe – auftritt. Jedoch gilt dies nur, sofern die Nutzungsdauer n bekannt ist. Dagegen stellt die Kapitalwertmethode eher einen Totalerfolg dar. Die Annuitätenmethode zeigt an, wieviel Geld theoretisch je Periode entnommen werden kann, ohne dass die Maßnahme dadurch unvorteilhaft wird.

Eine Investitionsmaßnahme, die mit der Annuitätenmethode geprüft wird, gilt immer dann als vorteilhaft, wenn die Annuität größer als „Null" ist, wenn also gilt: **AN ≥ 0**. Bei mehreren miteinander zu vergleichenden Maßnahme ist immer diejenige *relativ vorteilhaft*er, deren Annuität größer als die der Anderen ist ($AN_1 \ldots AN_2 \ldots AN_n$).

Die Annuitätenmethode dient der Einkommens- und Vermögensmaximierung, sie ist als eine Art „jährlicher Gewinn" zu verstehen.

Die Formel zur Berechnung der Annuität erhält man, wenn man den Kapitalwert der zu betrachtenden Maßnahme mit dem *Kapitalwiedergewinnungsfaktor*[15] multipliziert:

$$G_n = AN = C_0 * KWF$$

---

[14] $\frac{3.134,10\ \text{€}}{1.567,05\ \text{€}} = 2,00$

[15] Kurz: KWB; vgl. dazu Kapitel

Andererseits lässt sich aber auch bei vorhandener Annuität der zugehörige Kapitalwert berechnen, in dem man die Annuität mit dem *Rentenbarwertfaktor*[16] multipliziert:

$$C_0 = G_n * RBF$$

Zusätzlich zu diesen Regeln finden sich noch vereinzelt Sonderfälle, die vergleichsweise seltener auftreten. Es handelt sich dabei um die *endliche* und die *unendliche Rente.*

Die endliche Rente kann folgendermaßen berechnet werden:

$$AN = G_0 = Z - (A - \frac{L_n}{(1+i)^n} * KWF$$

ohne L_n: $AN = G_n = Z - A_0 * KWF$

Die unendliche Rente wird oft auch als „*ewige Rente"* bezeichnet. Das charakteristische Merkmal hier ist die Tatsache, dass der Liquidationserlös L_n erst sehr spät auftritt. In der Formel findet er dadurch keine Berücksichtigung. Einen Einfluss auf die Höhe der Annuität haben in diesem Falle „nur" die Zahlung (Z), der Anschaffungswert (A_0) und der Zinssatz (i).

Daher lautet die aufstellbare Formel:

$AN = G_n = Z - A_0 * i$

4.2 Interner Zinsfuß

Die Methode des „Internen Zinsfußes" dient der Suche nach dem *Effektivzinssatz.* Sie beschäftigt sich mit der Frage, welche Verzinsung das jeweils gebundene Kapital erwirtschaftet. Im internationalen Fachjargon wird der Interne Zinsfuß mit **r** bezeichnet und ist als *Internal Rate of Return* (IRR) bekannt.

$C_0 = \sum_{t=0}^{n} Z_t * (1+r)^{-t} = 0$ Nun müssen daran einige Umstellungen vorgenommen werden

$A_0 + \sum_{t=1}^{n} A_t * (1+r)^{-t} = \sum_{t=1}^{n} E_t * (1+r)^{-t} + L_n * (1+r)^{-n}$ --> $r \geq i$

$$C_0 = 0 = \sum_{t=0}^{n} Z_t * (1+r)^{-t}$$

Es zeigt sich, dass sich anbietet, eine Hilfsformel anzuwenden. Bekannt ist diese zum Beispiel aus der Mathematik, es handelt sich dabei um die sogenannte **Methode der linearen Interpolation**, die als *Regula Falsi*[17] bekannt ist. Durch den Einsatz von zwei Probier-Zinssätzen (i_1; i_2) und deren Kapitalwerten versucht man sich dem *kritischen*

---

[16] Kurz: RBF; siehe Nr. 10
[17] Regula Falsi = lat.: „Regel des Falschen"; vgl.: Däumler/ Grabe, 2013, S. 187f.

Zinssatz (r_{kri}) so genau wie möglich anzunähern. Die Formel ist wie folgt auf- und umzustellen

$$\frac{r_{kri} - i_1}{i_2 - i_1} = \frac{C_{0.1}}{C_{0.1} - C_{0.2}} = r_{kri} - C_{0.1} * \frac{i_2 - i_1}{C_{0.2} - C_{0.1}}$$

$$r_{kri} - i_1 = \frac{C_{0.1}}{C_{0.1} - C_{0.2}} * (i_2 - i_1)$$

$$r_{kri} = i_1 - C_{0.1} * \frac{i_2 - i_1}{C_{0.2} - C_{0.1}}$$

Ähnlich wie bei dem *Sekantenverfahren* wird auch bei der Regula Falsi versucht, die Nullstelle (Schnittpunkt mit der x-Achse) der Kapitalwertfunktion zu ermitteln. Sofern man über die Probierzinssätze jeweils einen negativen und einen positiven Kapitalwert verfügt, kann man den kritischen Zinssatz ermitteln. Es ist jedoch zu beachten, dass dieser meist nur ein ungefährer Näherungswert ist.

5 LV 9 - Finanzierungsarten und Tilgungspläne

5.1 Formen Fremdfinanzierung und Begriffe

Die für den öffentlichen Sektor relevanten Instrumente der Fremdfinanzierung (FF; = Außenfinanzierung) lassen sich durch in die beiden Hauptgruppen der langfristigen und der kurzfristigen Fremdfinanzierung unterteilen.

Zur kurzfristigen FF gehören zum einen der Kontokurrentenkredit, welcher auch als Dispo- oder insbesondere im öffentlichen Sektor als Kassenkredit bekannt ist, und der Lieferantenkredit.

Bei der langfristigen FF muss zwischen unverbrieften und verbrieften Darlehen unterschieden werden. Unverbriefte Darlehen sind Darlehen von Kreditinstituten und Nichtbanken nach den §§ 488 – 505 des BGB, und Schuldscheindarlehen[18] gemäß § 371 BGB. Dies wären z.B. Wertpapiere an einer Börse. – Bei unverbrieften Darlehen wird oft ein Kreditvertrag verfasst, der mindestens Angaben zum Auszahlungsbetrag (pari, Disagio, Agio), zum Rückzahlungsbetrag, zur Laufzeit, zur Tilgungsart, zum Zinssatz und zur Besicherung enthält.

Bei verbrieften Darlehen, den Schuldverschreibungen, kann man zwischen verschiedenen Verzinsungsvarianten – fest und variabel – unterscheiden. Feste Verzinsungen können sowohl zum Nominalzinssatz, als Zinskupon, als auch ohne Nominalzinssatz, als Null-Kupon-Anleihe bzw. Zero-Bond, erfolgen. Letzteres ist in

---

[18] andere Begriffe: Anleihen, Obligationen, Bonds

Form von Abzinsungs- oder Zuwachsanleihen möglich. Variable Verzinsungen treten zumeist als sog. „Floating Rate Notes" auf, welche auf Referenzzinssätzen zur Zinsanpassung (EURIBOR, LIBOR, …) basieren.

Es ist erforderlich, zwischen „Kredit" und „Darlehen" zu unterscheiden, obwohl beide Begriffe oft synonym verwendet werden. Während es keine Vorgaben hinsichtlich des Kreditbegriffes gibt, umfasst der Darlehensbegriff Vereinbarungen zu festen Zeiträumen (für die Überlassung des Geldes) und zu den Rückzahlungsmodalitäten.

5.2 Tilgungsarten, -rechnungen und -pläne

Als Literaturhinweis wäre hier unter anderem der Däumler/Grabe, S. 156-160 (Abschnitt 4.3.1.1.5 – Normalzins, Laufzeit und Tilgung) zu nennen.

5.2.1 Allgemeines

Tilgungsrechnungen befassen sich mit den Vorgängen rund um die Verzinsung und die Rückzahlung (Tilgung) von Schuldaufnahmen. Bei Schuldentilgungen stehen die Zahlungen des Gläubigers als Leistungen denen des Schuldners als Gegenleistungen gegenüber. Es sind finanzmathematische Instrumente anzuwenden. Man kann die Gegenleistungen für jede Periode nach dem Zins- und dem Tilgungsanteil differenziert betrachten, z.B. indem …

- sich der Zinsanteil der Gegenleistung auf die fälligen Zinsen für die zum Jahresbeginn noch vorhandene Restschuld bezieht;
- der Tilgungsanteil derjenige Anteil der Gegenleistung ist, um das aufgenommene Darlehen zurückzuzahlen;
- die Gegenleistung größer als die Zinszahlung ist und somit die darlehensschuld reduziert; oder
- die Gegenleistung geringer als die Zinszahlung ist und es damit zu einer sog. „negativen Tilgung" – einem Schuldenzuwachs – kommt.

Folgende Informationen sollten zu beginn einer Berechnung bekannt sein:

- KS_0 = Darlehenssumme zum Aufnahmezeitpunkt t_0,
- KA_0 = Auszahlungssumme zum Aufnahmezeitpunkt t_0,
- C_t = Restschuld zum Jahresbeginn des Zeitpunkts t_0,
- KD_t = Kapitaldienst zum Jahresende t(Tilgung + Zinsen),
- ZZ_t = Zinszahlung zum Jahresende t, und
- T_t = Tilgungszahlungen zum Jahresende t.

Um die Restschuld C_t zu einem bestimmten Zeitpunkt zu ermitteln, benötigt man Hilfe seitens der finanzmathematischen Faktoren. Die Restschuld entspricht dabei der Differenz der aufgezinsten Leistung (Darlehenssumme) und der aufgezinsten Gegenleistung (Tilgungs- und Zinszahlung):

$$C_t = KS_0 * q^t - KD_t * \frac{q^t - 1}{i}$$

Diese Formel entspricht dem Endwertfaktor (EWF).

Zunächst einmal existieren drei Haupt-<u>Tilgungsarten</u>; die allgemeine Tilgung, die endfällige Tilgung und die ratenweise Tilgung.

Die allgemeine Tilgung ist dadurch gekennzeichnet, dass sie unregelmäßig ist. Die Tilgungszahlungen der verschiedenen Perioden sind also unterschiedlich hoch.

Endfällige Tilgungen können sowohl mit als auch ohne Zinsansammlung stattfinden. D.h., es finden bei einer Zinsansammlung neben den Tilgungszahlungen auch keine Zinszahlungen statt. In diesem Fall werden beide der Restschuld hinzugefügt.

Bei der ratenweisen Tilgung kann zwischen der Abzahlungs- ($T_1=T_2=T_n$) und der Annuitätentilgung ($KD_1=KD_2=KD_n$) unterschieden werden. – Diese beiden Formen finden im allgemeinen Geschäftsbereich, insbesondere im Privatkundengeschäft einer Bank, am häufigsten Anwendung.

5.2.2 Abzahlungstilgung

Diese Tilgungsart ist die einfachste von allen und erfolgt in jährlich gleichbleibenden Tilgungsraten, die jeweils nachschüssig (zum Jahresende) zu zahlen sind. D.h., die Darlehenssumme reduziert sich jährlich linear um die gleichbleibenden Tilgungsbetrag. Die Formel zur Ermittlung der Tilgungsarte lautet: $T_t = \frac{KS_0}{n}$. Während der Laufzeit sinkt die aus dem Darlehen resultierende jährliche Zinsbelastung, da die Verzinsungsbasis (Restschuld) durch die jährlichen Tilgungen sinkt. Daraus folgt, dass auch der Kapitaldienst sich reduziert, da gilt: KD = T + ZZ.

<u>Bsp.:</u> Von einem Darlehen sind folgende Daten bekannt: KS_0=500.000€; i=3%; n=5 Jahre.

$$T_t = \frac{500.000 \text{ €}}{5 \text{ Jahre}} = 100.000 \text{ € p. a.}$$

t	Restschu d Jahresbeginn	ZZ		KD	Restschuld Jahresende
1	500.000 €	15.000 €	100.000 €	115.000 €	400.000 €
2	400.000 €	12.000 €	100.000 €	112.000 €	300.000 €
3	300.000 €	9.000 €	100.000 €	109.000 €	200.000 €
4	200.000 €	6.000 €	100.000 €	106.000 €	100.000 €
5	100.000 €	3.000 €	100.000 €	103.000 €	0,00 €

5.2.3 Annuitätentilgung

Bei der Annuitätentilgung kommen Kenntnisse der Annuitätentilgung (dynamische Verfahren der Investitionsrechnung) zum Einsatz.

Im Gegensatz zur vorher genannten Abzahlungstilgung sind hier nicht die Tilgungszahlungen über die volle Laufzeit hinweg konstant, sondern der Kapitaldienst KD. Es werden also gleich hohe Annuitäten gebildet. Dies führt dazu, dass sich der Anteil von Tilgungs- und Zinszahlung innerhalb des Kapitaldienstes in jeder Periode verschieben. Der Anteil der Tilgung steigt, während der Anteil der Zinszahlung sinkt. Es findet als eine Art Umschichtung statt. Typischerweise finden sich im Vertragstext oft bestimmte Formulierungen, welche auf diesen Tilgungstyp hinweisen; z.B.: „Tilgung um die ersparten Zinsen wachsende Tilgungsleistung", oder „Tilgung durch eingesparte Zinsen".

Bsp.: Von einem aufgenommenen Darlehen sind folgende Informationen bekannt: $KS_0=500.000€$; $i=3\%$; $n=5$ Jahre und $AN_t=KD_t=109.177,29€$.

t	Restschuld Jahresbeginn	ZZ	T	KD	Restschuld Jahresende
1	500.000 €	15.000 €	94.177,29 €	109.177,29 €	405.822,71 €
2	405.822,71 €	12.174,68 €	95.002,60 €	109.177,29 €	308.820,11 €
3	308.820,11 €	9.264,60 €	99.912,68 €	109.177,29 €	208.907,43 €
4	2€08.907,73 €	6.267,22 €	102.910,06 €	109.177,29 €	105.977,36 €
5	105.977,36 €	3.179,92 €	105.977,37 €	109.177,29 €	0,00 €

Der Kapitaldienst – die Annuität – lässt sich berechnen, indem man den Kapitalwiedergewinnungsfaktor (KWF) zu Hilfe nimmt. Es gilt daher: $KWF = \frac{q^n * i}{q^n - 1}$.

Wenn man nu also die Wette des genannten Beispiels einsetzt, erhält man:

$$KWF = \frac{1,03^5 * 0,03}{1,03^5 - 1} = 0,218355$$

$$AN = KS_0 * \frac{q^n * i}{q^n - 1} = 500.000 * 0,218355 = 109.177,29 \ \text{€}$$

Sofern kein Tilgungsplan zur Verfügung steht oder keiner erstellt werden soll, so lässt sich die jahresbezogene Restschuld auch anderweitig ermitteln:

$$C_t = KS_0 * q^t - AN * \frac{q^t - 1}{i}.$$

Findet sich keine Vereinbarung über die Laufzeit eines Annuitätendarlehens, so lässt sich diese wie folgt ermitteln:

$$n = \frac{\log \frac{AN}{AN - C_o * i}}{\log q}.$$

In der finanzmathematischen Äquivalenz würde man daher schreiben:

$$KS_0 = \sum BW \ KD_t = AN + \frac{q^n - 1}{q^n * i}.$$

Zudem ist es möglich, dass bei einer Annuitätentilgung ergänzende Darlehensvereinbarungen getroffen werden können. Dies sind:

- *Disagio*: Die Auszahlungssumme liegt unterhalb der eigentlichen Darlehenssumme. Es wird von den Banken oft als Kreditbeschaffungs- oder Bearbeitungsgebühr direkt einbehalten.;
- *Tilgungsstreckung*: Es finden einige Zeit lang keine Tilgungszahlungen statt. Man spricht hier auch von sog. Tilgungsfreie Jahren bzw. Perioden.; und
- *Zahlungsaufschub*: Es finden eine Zeit lang überhaupt keine Zahlungen statt, weder Tilgungs- noch Zinszahlungen.

Sowohl Tilgungsstreckung als auch Zahlungsaufschub sind mit und ohne Laufzeitverlängerung möglich.

6 Besondere Begrifflichkeiten

6.1 Dean-Modell[19]

Das Dean-Modell dient der vereinfachten Darstellung von limitierten (begrenzten) Kapazitäten bei der Finanzierung von Investitionen. Es erweitert das volkswirtschaftliche Modell des Kapitalangebotes und der –nachfrage um eine betriebswirtschaftliche Komponente und sorgt somit für eine Verzahnung beider

---

[19] Vgl.: WISU 8-9/16; S. 893

18

Wissenschaftsdisziplinen (VWL und BWL). Die *Voraussetzungen*, unter denen das Modell angewendet werden kann, sind:

- nur eine Planungsperiode wird betrachtet;
- es besteht keine Abhängigkeit der Investitionsobjekte voneinander;
- die Investitionen und die Finanzierungen sind unabhängig voneinander und diese sind jeweils beliebig teilbar.

Unter Umständen muss eine weitere Annahme mitberücksichtigt werden, dass nämlich keine Konsumpräferenzen bestehen. Da jedoch beim Dean-Modell das Konsumverhalten keine Rolle spielt, kann diese Bedingung vernachlässigt werden.

Kapitalangebot und -nachfrage werden bestimmt, indem die Finanzierungsmöglichkeiten **aufsteigend** nach ihrem Preis (Zins) den **absteigend**en Investitionsobjekten zugeordnet werden.[20] So angeordnet, bilden die fallenden Investitionsobjekte die (Kapital-)Nachfragekurve und die aufsteigenden Finanzierungsmöglichkeiten die Angebotskurve. Am Schnittpunkt beider Graphen befindet sich der Markt „im Gleichgewicht", dort befindet sich der Effektivzinssatz bzw. Interne Zinsfuß.

6.2 Kalkulatorische Abschreibungen und kalkulatorische Zinsen

Kalkulatorische Abschreibungen und kalkulatorische Zinsen gehören zu den *fixen Kosten*, denen sich jede Organisation gegenübersieht. Sie fallen regelmäßig, also periodisch, an und sind nicht zahlungswirksam, verursachen also keine Kontobewegungen.

Gemäß der Definition aus der Kosten- und Leistungsrechnung (internes Rechnungswesen), beschreiben kalkulatorische Abschreibungen den faktischen Wertverlust eines Anlagegutes durch Nutzung im Zeitverlauf[21]. Grundsätzlich wird stets linear auf Anschaffungswert abgeschrieben. Allerdings besteht auch die Möglichkeit, auf den *Wiederbeschaffungszeitwert* abzuschreiben, dazu wird eine jährliche Preissteigerung in Form eines (fiktiven) Zinssatzes i[22] angenommen. Es besteht ein Unterscheid zwischen kalkulatorischen und *bilanziellen Abschreibungen*! Es sollte beachtet werden, dass Grundstücke keinem Werteverzehr unterliegen und daher nicht abgeschrieben werde.

---

[20] Die kleinste Finanzierung wird dabei der größten Investition zugeordnet; und die kleinste Investition der größten Finanzierung.
[21] Vgl.: Däumler/ Grabe; 2013; S. 341 --> Absetzungen für Abnutzung (AfA)
[22] In Forschung und Lehre geht man meist von einem Zinssatz in Höhe von 3 % aus. Er soll die allgemeine Verteuerungsrate (Inflation) darstellen und berücksichtigen.

Um die regelmäßigen Abschreibungen berechnen zu können, benötigt man den Anschaffungswert A_0, der dann durch die voraussichtliche Nutzungsdauer n geteilt wird. Ein eventueller Liquidationserlös kann ebenfalls eine Berücksichtigung finden:

$$\alpha = \frac{A_0 - L_n}{n}$$

Die kalkulatorischen Zinsen stellen eine Art fiktive „Strafzahlung" dar, die die Organisation für die Nutzung ihrer Mittel zahlen muss, da sie in einem Gut angelegt wurden und nicht auf dem Bankkonto verbleiben. Denn dort hätten mit den Geldern ein gewisser Gewinn in Form von Zinsen erzielt werden können, der aber nun entfällt. Hierbei wird das *durchschnittlich gebundene Kapital* mit dem Kalkulationszinssatz i verzinst, wobei auch hier ein L_n berücksichtigt werden kann.

$$\beta = \frac{A_0 + L_n}{2} * i$$

Ähnlich wie bei den Abschreibungen muss auch bei den Zinsen beachtet werden, dass bei Grundstücken diese Durchschnittsregel nicht anwendbar ist. Bei ihnen ist stets direkt der Anschaffungswert zu verzinsen. Es gilt:

$$\beta = A_0 * i$$

6.3 LV 2 - Finanzmathematische Faktoren

Die Finanzmathematik ist grundsätzlich nicht ohne Formeln denkbar. In Forschung, Lehre und Praxis existieren *sechs* finanzmathematische Faktoren, die das gesamte Spektrum aller möglichen Berechnungen umfassen. Sie sind thematisch in drei Paare gegliedert, die folgend näher beleuchtet werden sollen. Als Literaturhinweis sei der Däumler/ Grabe; 2013; S. 446 – 447, empfohlen.

a) Aufzinsungs- und Abzinsungsfaktor

Diese beiden Faktoren sind die einfachsten von allen und stellen daher auch die Grundlage für alle nachfolgenden dar.

Der *Aufzinsungsfaktor* (AuF) beschreibt, wie sich ein jetzt ein jetzt fälliger Geldbetrag K_0 mit Zins und Zinseszins nach n Perioden auf einen dann fälligen Geldbetrag K_n aufzinst. Er verwandelt also eine Einmalzahlung zum Zeitpunkt t_0 („jetzt") in eine Einmalzahlung zum einem späteren Zeitpunkt t_n. Seine Formel ist $(1+i)^n$ bzw. q^n.

Der *Abzinsungsfaktor* (AbF) wird auch Diskontierungsfaktor genannt und beschreibt, wie sich ein nach n Perioden fälliger Geldbetrag K_n – unter Berücksichtigung von Zins und Zinseszins – auf einen jetzt fälligen Betrag K_0, den Bezugszeitpunkt, abzinsen lässt. Er wird als $(1+i)^{-n}$ bzw. q^{-n} dargestellt.

b) Diskontierungssummen- und Kapitalwiedergewinnungsfaktor

Der *Diskontierungssummenfaktor* ist auch als Abzinsungssummen-, Barwert-, Rentenbarwert- oder Kapitalisierungsfaktor[23] bekannt. Er hilft dabei, die Glieder g einer Zahlungsreihe abzuzinsen und die Barwerte dabei gleichzeitig zu einer Einmalzahlung zum Zeitpunkt t_0 zu addieren. Die Formel lautet:

$$\frac{(1 + i)^n - 1}{i * (1 + i)^n} = \frac{q^n - 1}{q^n * (q - 1)}$$

Dem gegenüber steht der *Kapitalwiedergewinnungsfaktor* (KWF), der auch oft als Verrentungs- oder Annuitätenfaktor bezeichnet wird. Er teilt den jetzt fälligen Betrag (K_0) in gleich große Raten (Annuitäten, g) auf alle Perioden n auf.

c) Restwertverteilungs- und Endwertfaktor

Der *Restwertverteilungsfaktor* (RVF) wird auch Rückwärtsverteilungsfaktor genannt und verteilt eine nach n Perioden fällige Einmalzahlung auf die Laufzeit von n Perioden. Damit werden aus einer großen Summe mehrere Raten gebildet, so entsteht eine Zahlungsreihe. Seine Formel wird als $\frac{i}{(1+i)^n + 1} = \frac{q-1}{q^n - 1}$ beschrieben.

Andere Namen für den *Endwertfaktor* (EWF) sind Aufzinsungssummen- oder Rentenendwertfaktor. Durch ihn kann man die Glieder einer Zahlungsreihe aufzinsen und dabei gleichzeitig die Endwerte addieren. Dadurch wird die Zahlungsreihe zu einer Einmalzahlung nach n Perioden zusammengefasst. Die Formel lautet folgendermaßen:

$$\frac{(1 + i)^n - 1}{i} = \frac{q^n - 1}{q - 1}$$

7 Übungsaufgabe

7.1 Sachverhalt

Ein Bürogebäude mit 20 Einheiten kann zu 1.250.000 € erworben und über 20 Jahre langfristig an 18 kleine und StartUp-Firmen – 2 Einheiten werden selbst genutzt – vermietet werden. Als Kalkulationszinssatz seien 2 % angenommen. Zudem ist bekannt, dass für die Bewirtschaftung des Gebäudes (Wasser, Strom, Heizung, Büro der Hausverwaltung mit Hausmeister, Abfall, …) jährlich Ausgaben in Höhe von 155.000 € anfallen. – Weitere Kosten, wie Grund- und Gewerbesteuern, sind von den Mietern zu zahlen. – Zudem ist bekannt, dass am Ende der Nutzungsdauer ein

---

[23] Diskontierungssummenfaktor = DSF; Rentenbarwert0faktor = RBF

Liquidationserlös von 250.000 € werden kann. Pro Mieteinheit (Fläche bleibt unberücksichtigt) wird ein durchschnittlicher Mietzins in Höhe von 17.000 € veranschlagt.

a) Es ist zu klären, ob sich diese Investition lohnen würde und wie hoch das Risiko ist!

b) Für die vollständige Finanzierung dieses Vorhabens dieses Vorhabens konnten mit der Hausbank des Unternehmens zwei Darlehensentwürfe zu folgenden Konditionen vereinbart werden:

aa) Abzahlungstilgung; i = 1,5 %; n = 15 Jahre;   oder

bb) Annuitätentilgung; i = 1,75 %; Annuität = 105.250,50 €; n = unbekannt.

Erstellen Sie die Tilgungspläne für die ersten fünf (5; aa)) bzw. sieben (7; bb)) Perioden!

7.2 Lösungshinweise

a) Vorteilhaftigkeit

Zunächst sind die statischen Verfahren der Investitionsrechnung anzuwenden. Da sowohl Kosten- als auch Gewinnvergleichsrechnung mangels Alternativen oder Ersatzlösungen ausfallen, sind nur die Rentabilität und die statische Amortisation interessant.

Rentabilität:

$$\alpha = \frac{A_0 - L_n}{n} = \frac{1.250.000 - 250.000}{20} = 50.000 \ €$$

$$\beta = \left(\frac{A_0 + L_n}{2}\right) * i = \left(\frac{1.250.000 + 250.000}{2}\right) * 0,02 = 15.000 \ €$$

$G = U - K \qquad U = e * x = 18 * 17.000 = 306.000 \ €$

$$K = K_f + K_v = \alpha + \beta + Vw = 50.000 + 15.000 + 155.000 = 220.000 \ €$$

$G = U - K = 306.000 - 220.000 = 86.000 \ €$

$GvZ = G + Z = G + \beta = 86.000 + 15.000 = 101.000 \ €$

$$r = \frac{GvZ}{\frac{A_0 + L_n}{2}} = \frac{101.000}{\frac{1.500.000}{2}} = \frac{101.000}{750.000} = \frac{101}{750} = 0,1346 = 13,46 \ \%$$

Die Rentabilität liegt mit 13,46 % mehr als 6,5-mal so hoch wie die gewünschte Mindestverzinsung gemäß dem Kalkulationszinssatz von 2 %.

Statische Amortisation

$$AD = \frac{A_0 - L_n}{GvA} \qquad AD_{rel} = \frac{AD}{n}$$

$$GvA = G + \alpha = 86.000 + 50.000 = 136.000$$

$$AD = \frac{1.250.000 - 250.000}{136.000} = \frac{1.000.000}{136.000} = \frac{125}{17} = 7,3529\ldots = 7,3529\ Jahre$$

$$AD_{rel} = \frac{7,3529}{20} = \frac{25}{68} = 0,367647\ldots = 36,76\ \%$$

Die Amortisationsdauer und die relative Amortisationsdauer liegen mit knapp 7,4 Jahren bzw. 36,8 % deutlich unterhalb der maximalen Amortisationsdauer, der Nutzungsdauer von 20 Jahren.

Nach den statischen Verfahren der Investitionsrechnung ist diese Investitionsmaßnahme als sehr vorteilhaft anzusehen.

Kapitalwertmethode

$$C_0 = -A_0 + Z_{const} * \frac{q^n - 1}{q^n * i} + \frac{L_n}{(1+i)^n}$$

$$Z_{const} = G = U - K_v = E - A = 306.000 - 155.000 = 151.000\ €$$

$$C_0 = -1.250.000 + 151.000 * \frac{1,02^{20} - 1}{1,02^{20} * 0,02} + \frac{250.000}{(1,02)^{20}}$$

$$= -1.250.000 + 151.000 * 16,351433 + 168.242,8333$$

$$= -1.250.000 + 2.469.066,383 + 168.242,8333 = 1.387.309,216\ €$$

Da der Kapitalwert positiv und sehr hoch ist, kann die Maßnahme als sehr vorteilhaft angesehen werden. Über den gesamten Nutzungszeitraum hinweg kann ein „Gewinn" von gut 1,3 Mio. Euro erzielt werden.

Effektivzinssatz

$$r = i_1 - C_{o1} * \left(\frac{i_2 - i_1}{C_{02} - C_{01}} \right)$$

Probierzinssätze: → Kapitalwertmethode

(I)   i = 3 % → C_0 = 1.134.917,642 €

(II)   i = 5 % → C_0 = 726.016,1324 €

(III)   i = 7 % → C_0 = 414.300,9018 €

(IV)   i = 9 % → C_0 = 173.018,1185 €

(V)   i = 11 % → C_0 = -16.528,97751 €

$$r = 0,02 - 1.387.309,216 * \left(\frac{0,11 - 0,02}{-16.528,97751 - 1.387.309,216} \right) = 0,108940\ldots$$

$$= 10,89\ \%$$

Der Effektivzins liegt mit 10.89 % mind. fünfmal so hoch wie die ex ante gesetzte Mindestverzinsung, der Kalkulationszinssatz von 2 %.

Annuität

$$AN = C_o * \frac{q^n * i}{q^n - 1} = 1.387.309{,}216 * \frac{1{,}02^{20} * 0{,}02}{1{,}02^{20} - 1} = 1.387.309{,}216 * 0{,}061157$$

$$= 84.834{,}27868 = 84.843{,}28 \text{ €}$$

Die Annuität ist positiv und sehr hoch. Pro Jahr kann ein theoretischer „Gewinn" von ca. 84.843,28 € aus der Maßnahme entnommen werden.

Bonus – Dynamische Amortisation

$$AD = -A_0 + Z_n$$

$$Z_n = \frac{Z}{(1 + i)^n} \qquad L_n = \frac{L_n}{(1 + i)^n} \qquad Z = 151.000 \text{ €}$$

t	„Rest" Jahresanfang	Z_n	„Rest" Jahresende
1	-1.250.000	148.039,2157	-1.101.960,784
2	-1.101.960,784	145.136,486	-956.824,298
3	-956.824,298	142.290,6725	-814.533,6255
4	-814.533,6255	139.500,6593	-675.032,9662.
5	-675.032,9662	136.765,3523	-538.267,6139
6	-538.267,6139	134.083,6787	-404.183,9352
7	-404.183,9352	131.454,5870	-272.729,3482
8	-272.729,3482	128.877,0460	-143.852,3022
9	-143.852,3022	126.350,051	-17.502,2571
10	-17.502,2571	123.872,5933	106.370,3362
11	---	---	---

Die dynamische Amortisationsdauer beträgt ca. 10 Jahre. Damit liegt sie gerade einmal bei der Hälfte der maximalen Amortisationsdauer, der Nutzungsdauer von 20 Jahren.

Nach Durchführung aller möglichen und sinnvollen (einzelwirtschaftlichen) statischen und dynamischen Verfahren der Investitionsrechnung kann die Vorteilhaftigkeit der betreffenden Maßnahme bescheinigt werden. Es wird daher empfohlen, sie durchzuführen.

b) Tilgungspläne

aa) Abzahlungstilgung

$$C_t = \frac{KS_0}{n} \qquad KD_t = T_t + ZZ_t \qquad ZZ_t = C_t * i$$

$$ZZ_1 = 1.250.000 * 0{,}015 = 18.750 \text{ €} \qquad T_t = \frac{1.250.000}{15} = 83.333{,}33 \text{ €}$$

t	Restschuld Jahresanfang	ZZ	T	KD	Restschuld Jahresende
1	1.250.000	18.750	83.333,33	102.083,33	1.166.666,67
2	1.166.666,67	17.500	83.333,33	100.833,33	1.083.333,34
3	1.083.333,34	16.250	83.333,33	99.583,33	1.000.000
4	1.000.000	15.000	83.333,33	98.333,33	916.666,67
5	916.666,67	13.350	83.333,33	96.683,33	833.333,34
6	833.333,34	12.500	83.333,33	95.833,33	750.000,01
7	750.000,01	11.250	83.333,33	94.583,33	666.666,68
8	666.666,68	10.000	83.333,33	93.333,33	583.333,35
9	583.333,35	8.750	83.333,33	92.083,33	500.000,02
10	500.000,02	...	...	...	...

bb) Annuitätentilgung

$$AN = 105.205,50 \,€ \quad ZZ_t = C_t * i \quad T_t = KD - ZZ$$

$$Ks_0 = 1.250.000 \,€ \quad n = ? \quad i = 1,75 \,\%$$

t	Restschuld Jahresanfang	ZZ	T	KD = AN	Restschuld Jahresende
1	1.250.000	21.875	83.375,50	105.250,50	1.166.624,50
2	1.166.624,50	20.415,93	84.843,57	105.250,50	1.081.789,93
3	1.081.789,93	18.931,32	86.319,18	105.250,50	995.470,75
4	995.470,75	17.420,74	87.829,76	105.250,50	907.640,99
5	907.640,99	15.883,72	89.366,78	105.250,50	818.274,21
6	818.274,21	14.319,80	90.930,70	105.250,50	727.343,51
7	727.343,51	12.728,51	92.521,99	105.250,50	634.821,52
8	634.821,52	11.109,38	94.141,12	105.250,50	540.680,40
9	540.680,40	9.461,91	95.788,57	105.250,50	444.891,83
10	444.891,83	7.785,61	97.464,89	105.250,50	347.426,94
11	347.426,94	6.079,97	99.170,53	105.250,50	248.256,41
12	248.256,41	4.344,49	100.906,01	105.250,50	147.350,40
13	147.350,40	...	...	...	...

Bestimmung Laufzeit n

$$n = \frac{\log\frac{AN}{AN - C_0 * i}}{\log q} = \frac{\log\frac{105.250,5}{105.250,5 - 1.250.000*0,0175}}{\log(1,0175)} = 13,42979878 = 13,43 \text{ Jahre}$$

Die Laufzeit dieses Annuitätendarlehens beträgt ca. 14 Jahre.

8 Literatur- und Quellenverzeichnis

- BECKER/ Hans Paul/ PEPPMEIER, Arno: *Investition und Finanzierung, Grundlagen der betrieblichen Finanzwirtschaft*; 8., überarbeitete Auflage; 2018; Wiesbaden
- BIEG, Hartmut/ KUßMAUL, Heinz/ WASCHBUSCH, Gerd: *Finanzierung*; 3., vollständig überarbeitete Auflage; 2016; Verlag Franz Vahlen GmbH; München
- BIEG, Hartmut/ KUßMAUL, Heinz/ WASCHBUSCH, Gerd: *Investition*; 3., vollständig überarbeitete Auflage; 2016; Verlag Franz Vahlen GmbH; Saarbrücken/ München
- BWL Lexikon; online abrufbar unter: ▷ Marktgleichgewicht » Definition & Erklärung 2022 mit ZusammenfassungBetriebswirtschaft lernen (betriebswirtschaft-lernen.net) ; ; © 2022; 10.02.2022
- DÄUMLER, Klaus-Dieter/ GRABE, Jürgen: *Betriebliche Finanzwirtschaft*; 10., vollständig aktualisierte Auflage; 2013; NWB Verlag GmbH & Co. KG; Kiel/ ...
- GRIGA, Michael/ KOSIOL, Arthur/ KRAULEIDIS, Raymund: *Controlling für Dummies*; 3., aktualisierte Auflage; 2017; WILEY-VCH Verlag GmbH ...; Weinheim
- GRIMBERG, Michael: *Öffentliche Finanzwirtschaft Sachsen-Anhalt – Schwerpunkt Staatliches Haushaltsrecht -*; 5. Auflage; 2009; Verlag Karla Grimberg; Ostbevern
- HERRMANN, Marco/ et al: *Grundzüge der Volkswirtschaftslehre – Arbeitsbuch*; 4., überarbeitete und erweiterte Auflage; 2012; Schäffer-Poeschel Verlag; Leipzig/ Stuttgart
- HERRMANN, Marco/ JOHN, Sarah Lisanne: *Arbeitsbuch Volkswirtschaftslehre*; Lehrbuch Krugman/ Wells; 2017; Frankfurt (M)/ Leipzig/ Stuttgart
- HORVÀTH, Péter/ GLEICH, Ronald/ SEITER, Mischa: *Controlling*; 13., komplett überarbeitete Auflage; 2015; Verlag Franz Vahlen; München
- WISU-KOMPAKT; *Begriffe die man kennen muss – Dean-Modell*; WISU 8-9/16; S. 893f.; PDF-Datei
- KLÜMPER, Bernd/ MÖLLERS, Heribert/ ZIMMERMANN, Ewald: *Kommunale Kosten- und Wirtschaftlichkeitsrechnung*; 18., vollständig überarbeitete Auflage; 2014; Witten

- KRUSCHWITZ, Lutz: *Finanzmathematik, Lehrbuch der Zins-, Renten-, Tilgungs-, Kurs-, und Renditerechnung*; 5., überarbeitete Auflage; 2016; München
- RÖHRICH, Martina: *Grundlagen der Investitionsrechnung*; 2., überarbeitete und erweiterte Auflage; 2014; München
- TIETZE, Jürgen: *Einführung in die Finanzmathematik, Klassische Verfahren und neuere Entwicklungen: Effektivzins- und Renditeberechnung, Investitionsberechnung, derivative Finanzierungsinstrumente*; 12., erweiterte Auflage; 2015; Wiesbaden
- WÖHE, Günter/ DÖRING, Ulrich: *Einführung in die Allgemeine Betriebswirtschaftslehre*; 25., überarbeitete und aktualisierte Auflage; 2013; München